Adeola Sokunbi

Juggling Jaydon

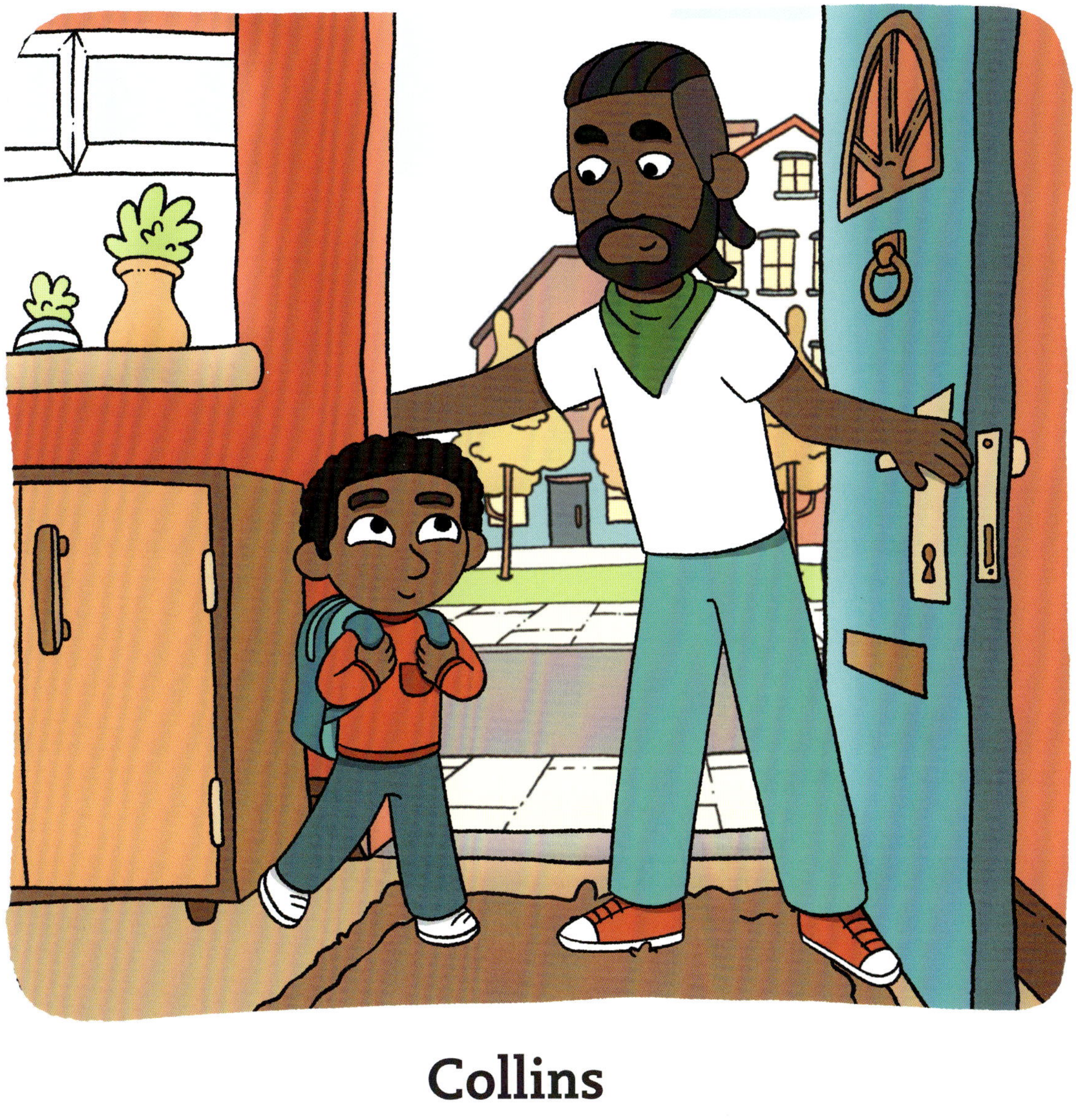

Collins

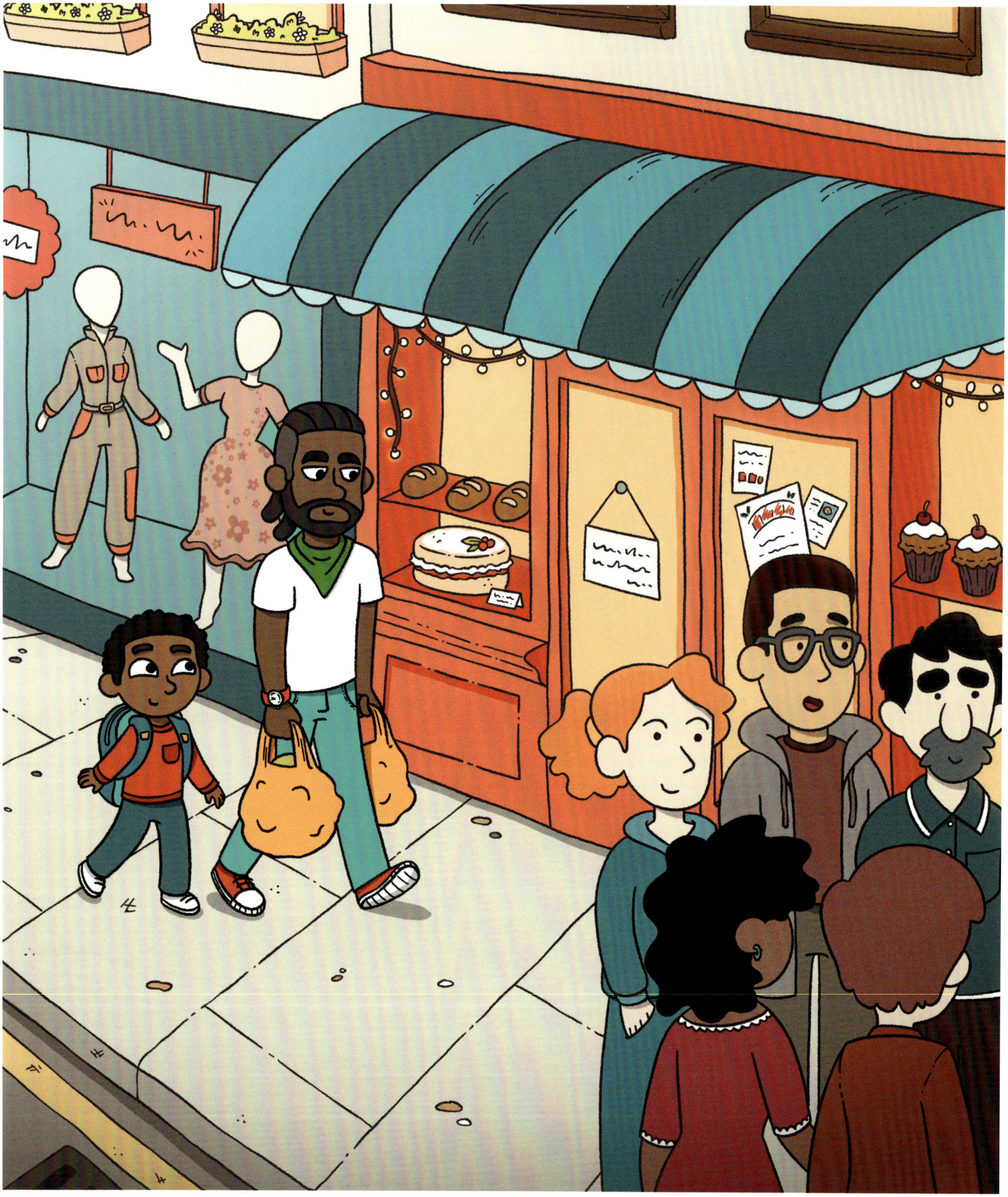

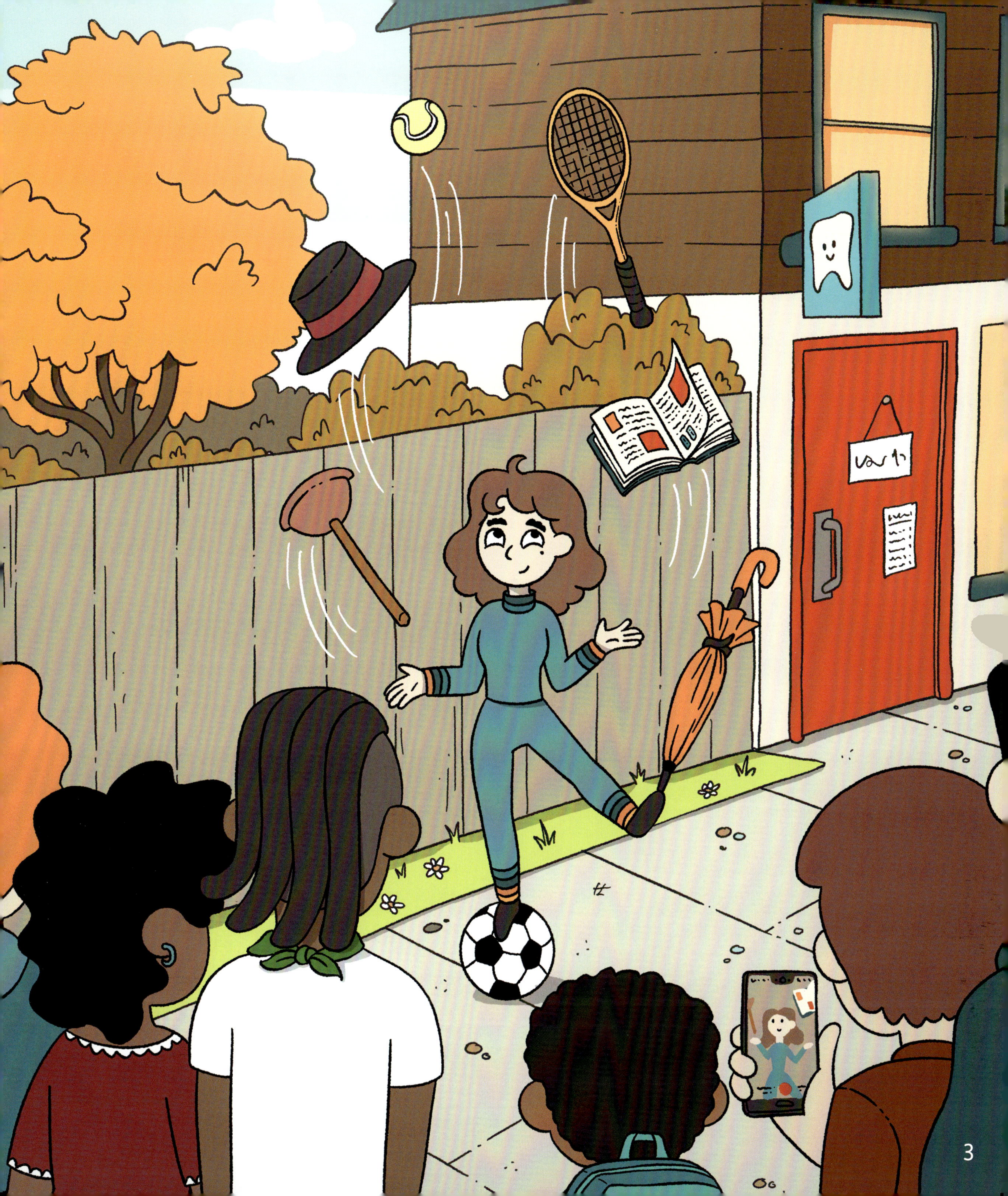

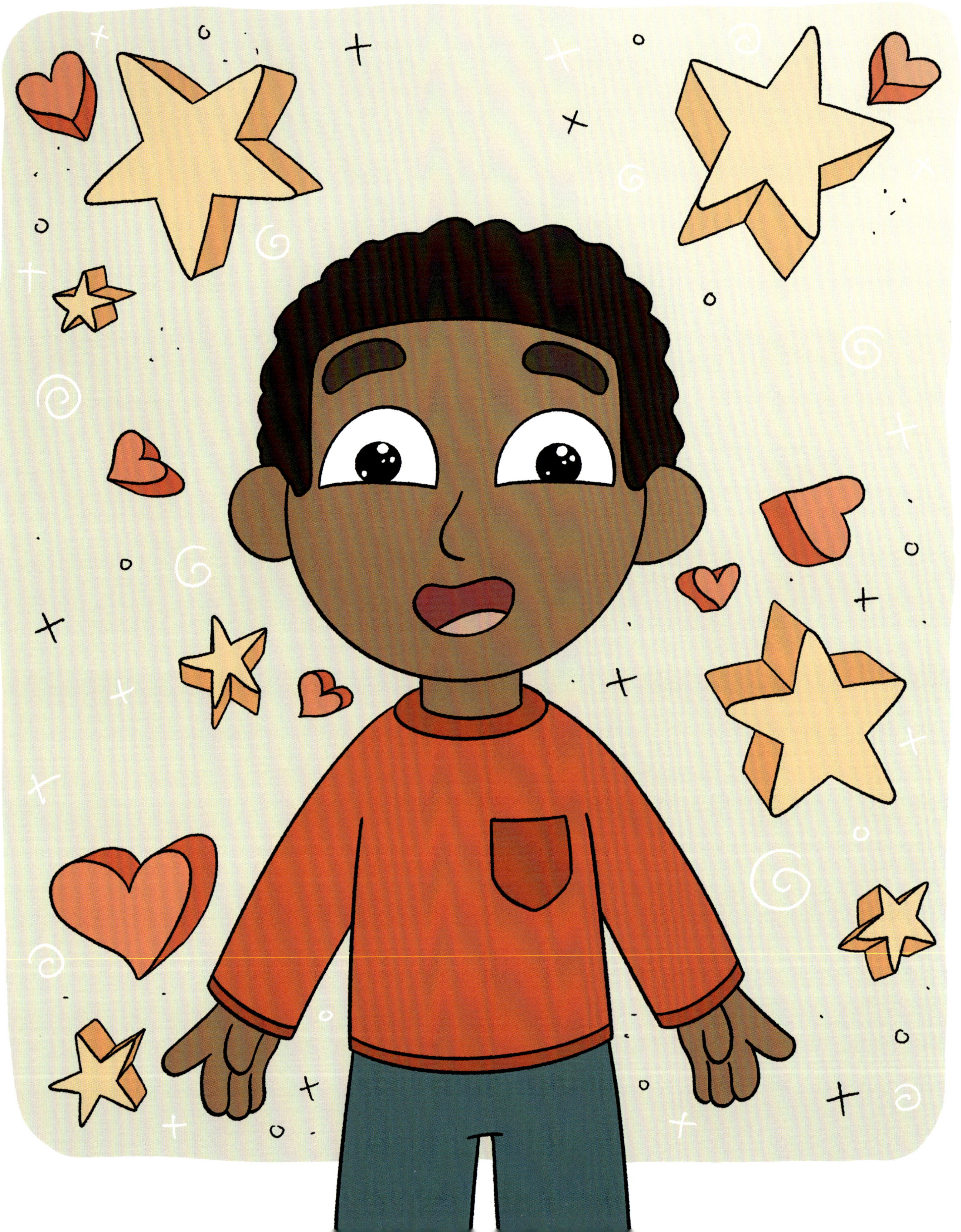

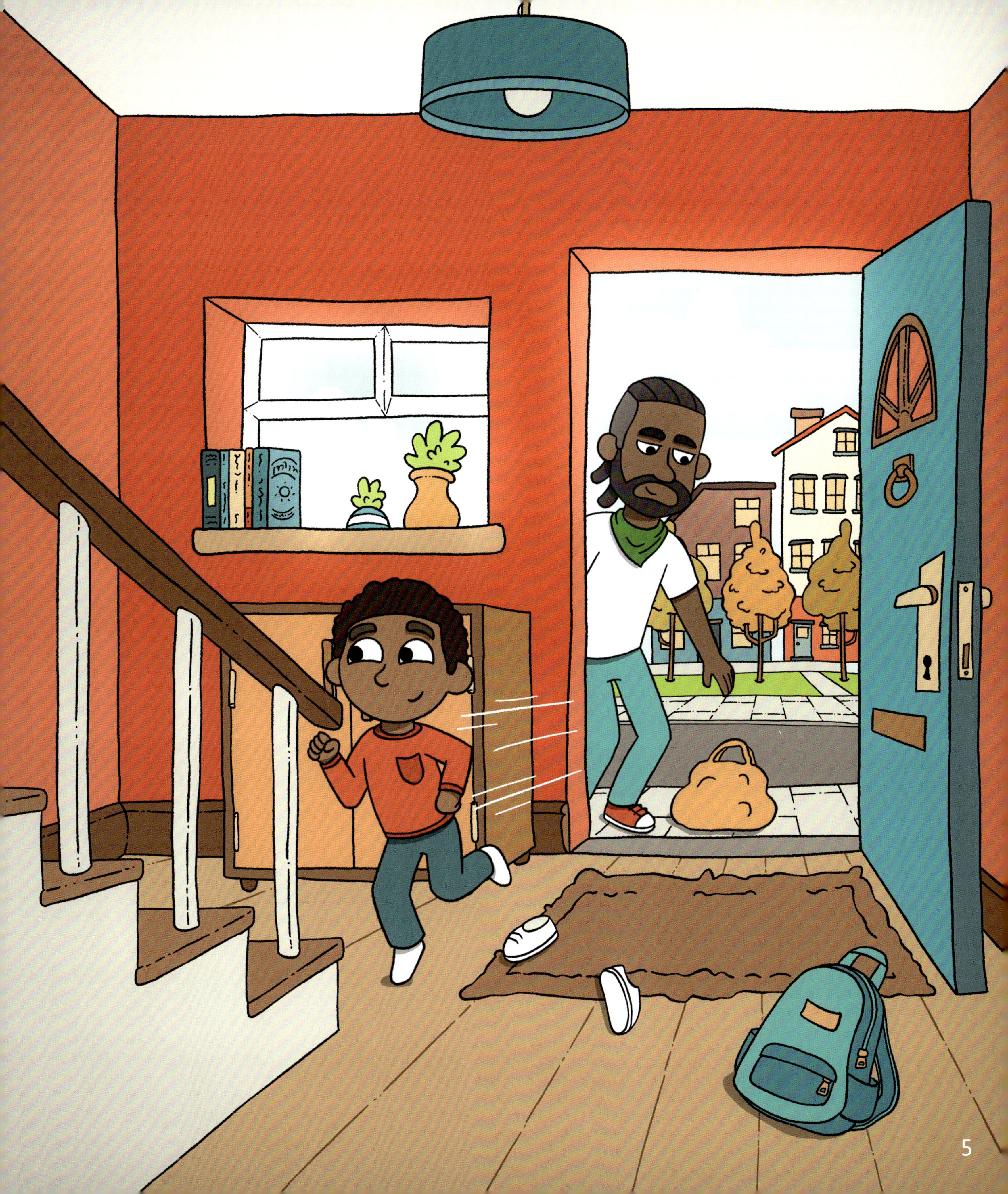

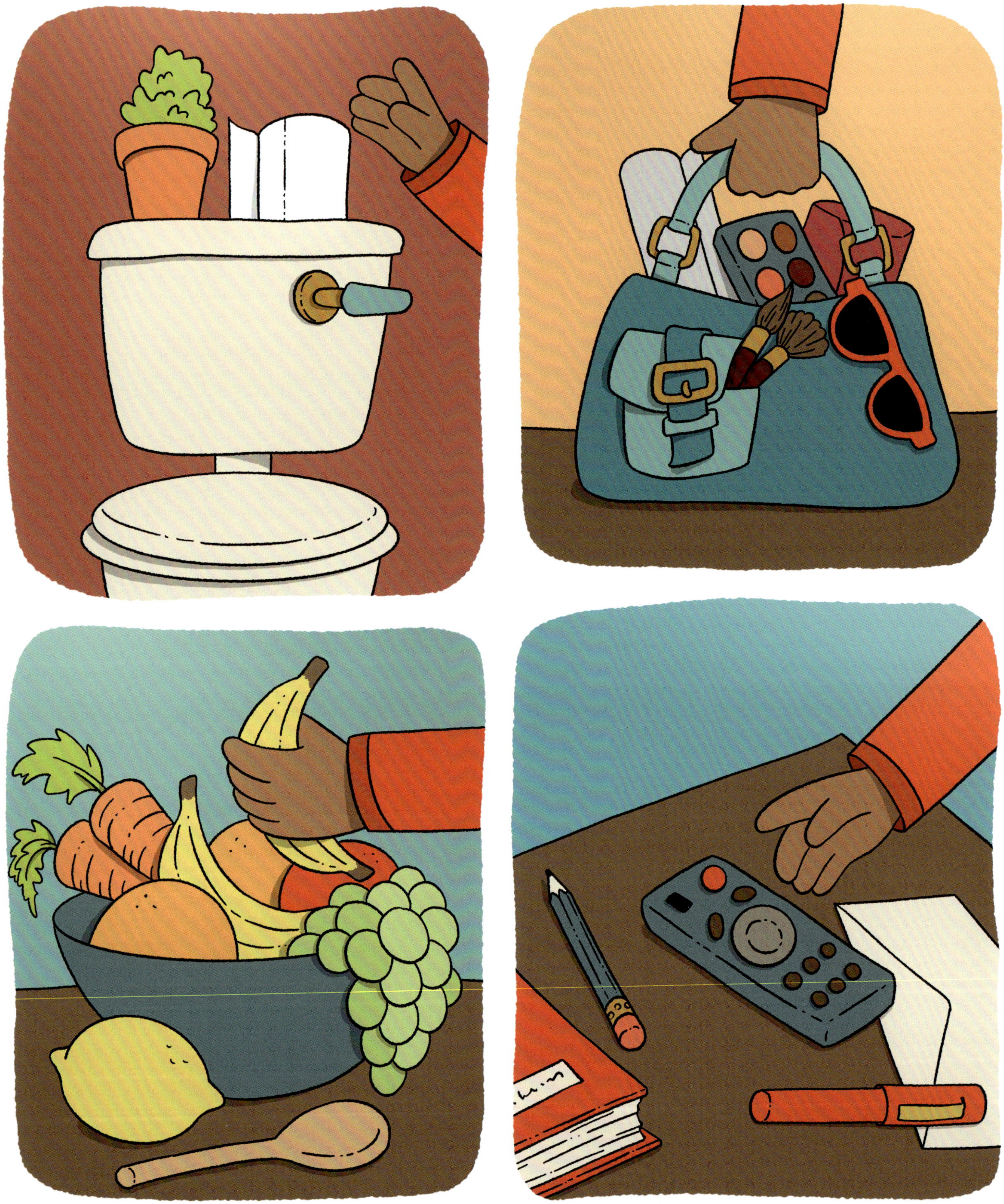

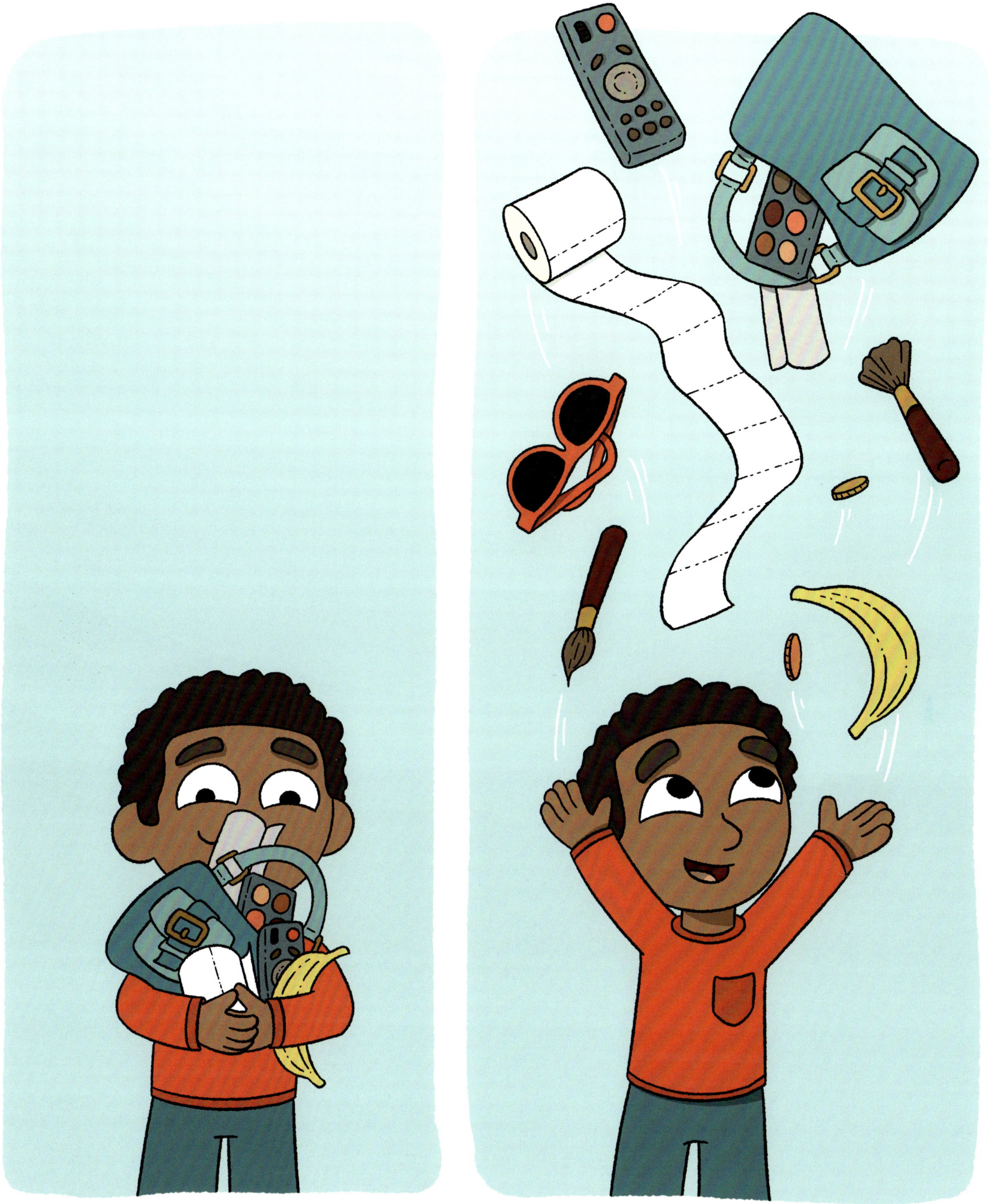

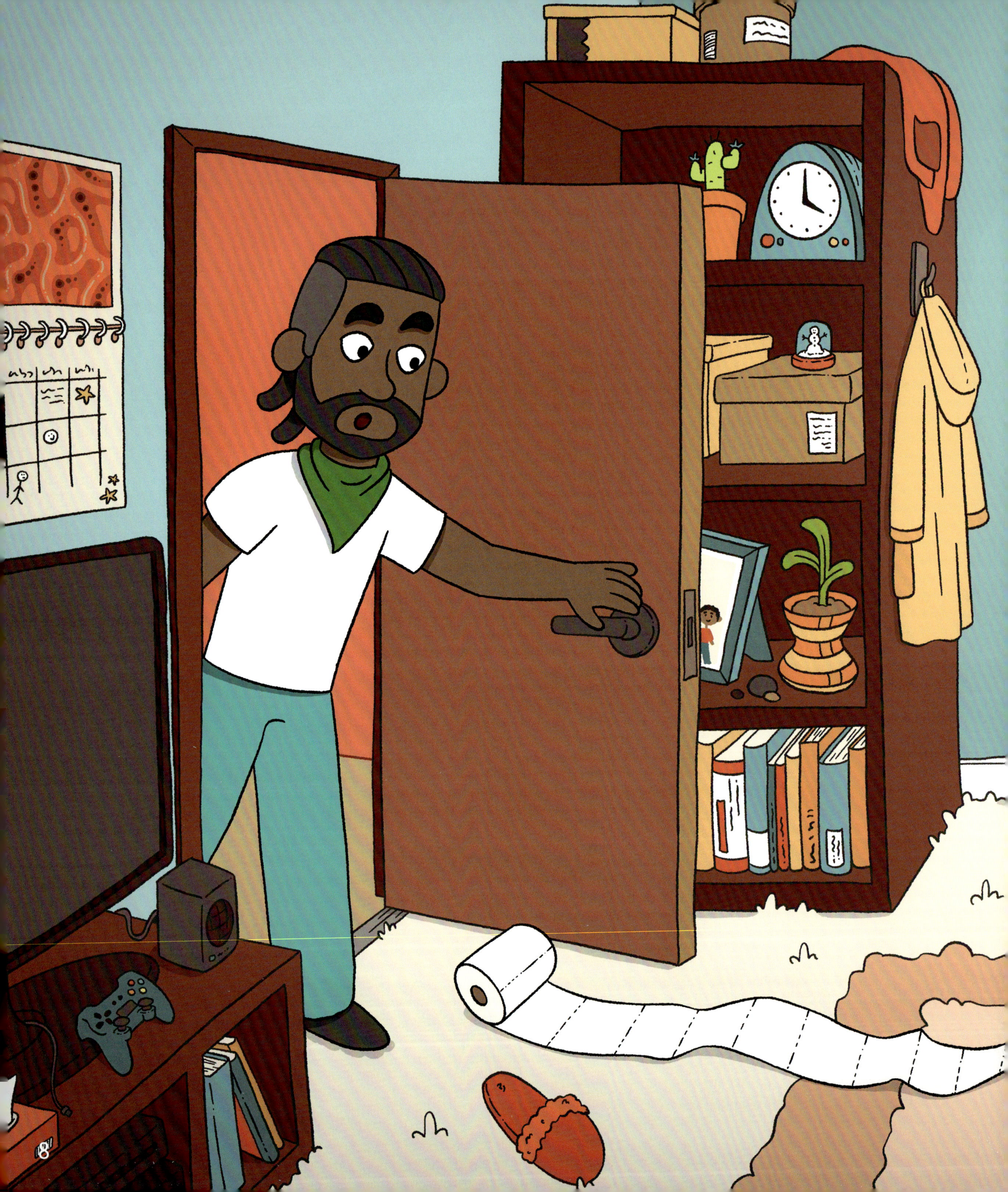

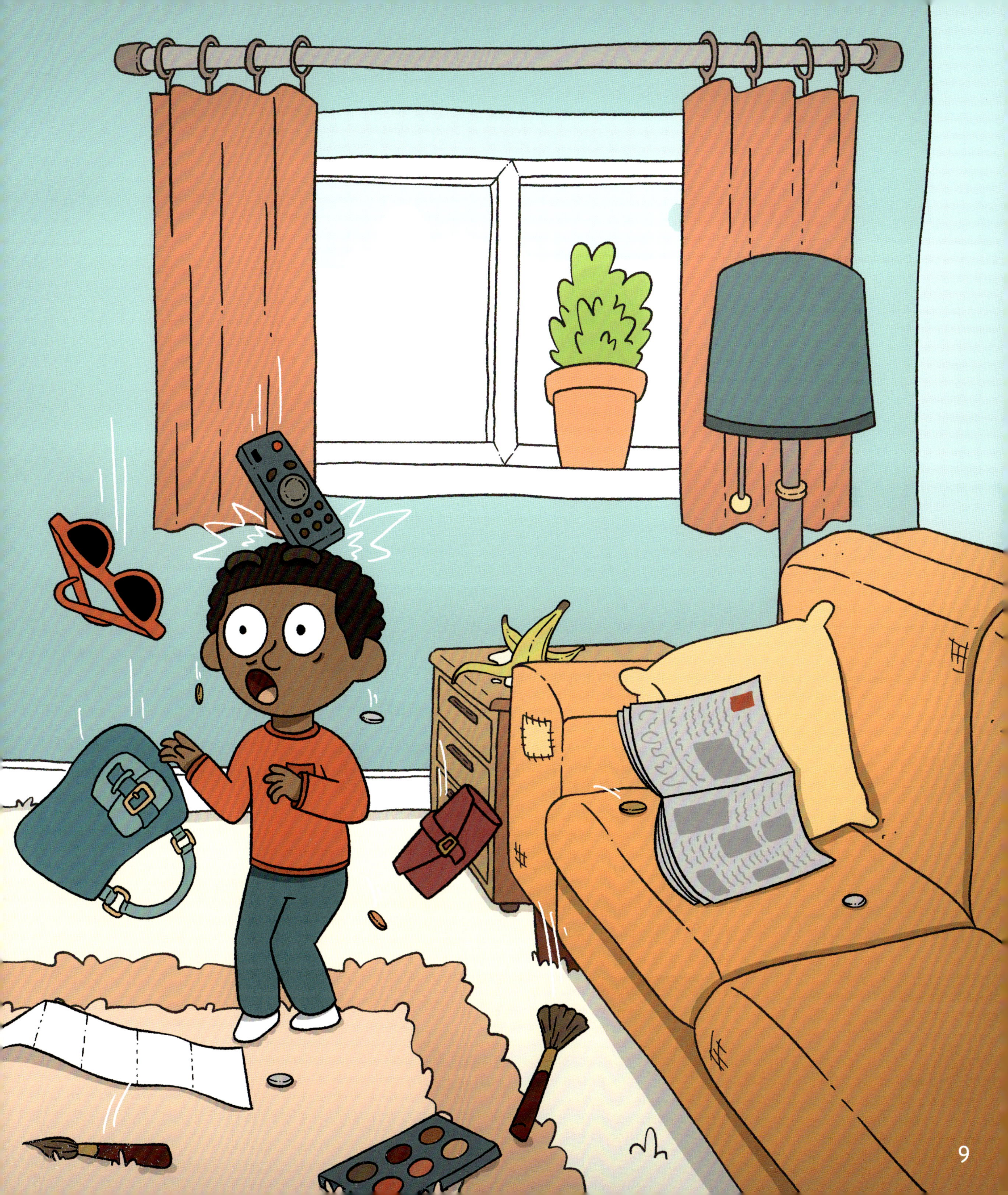

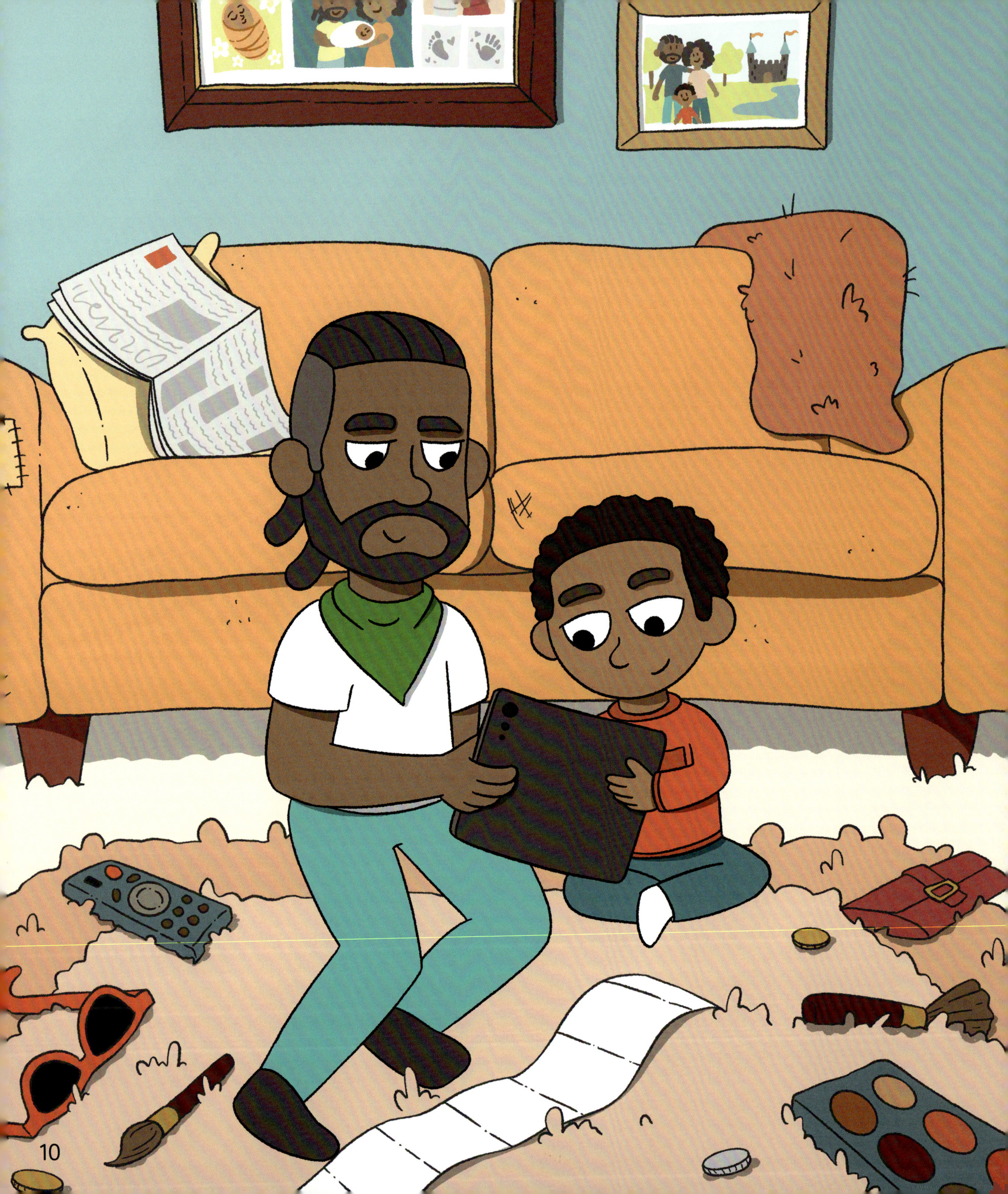

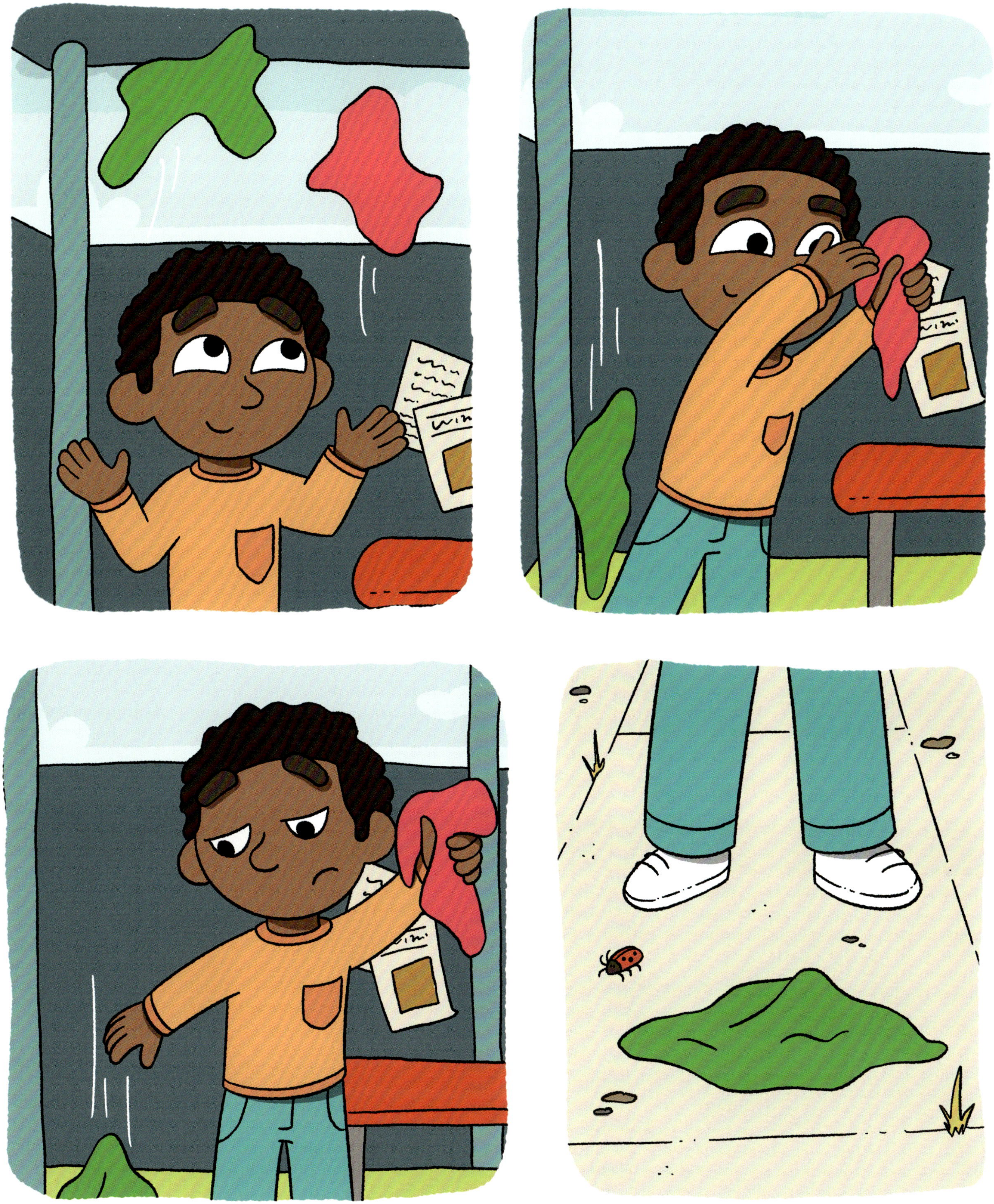

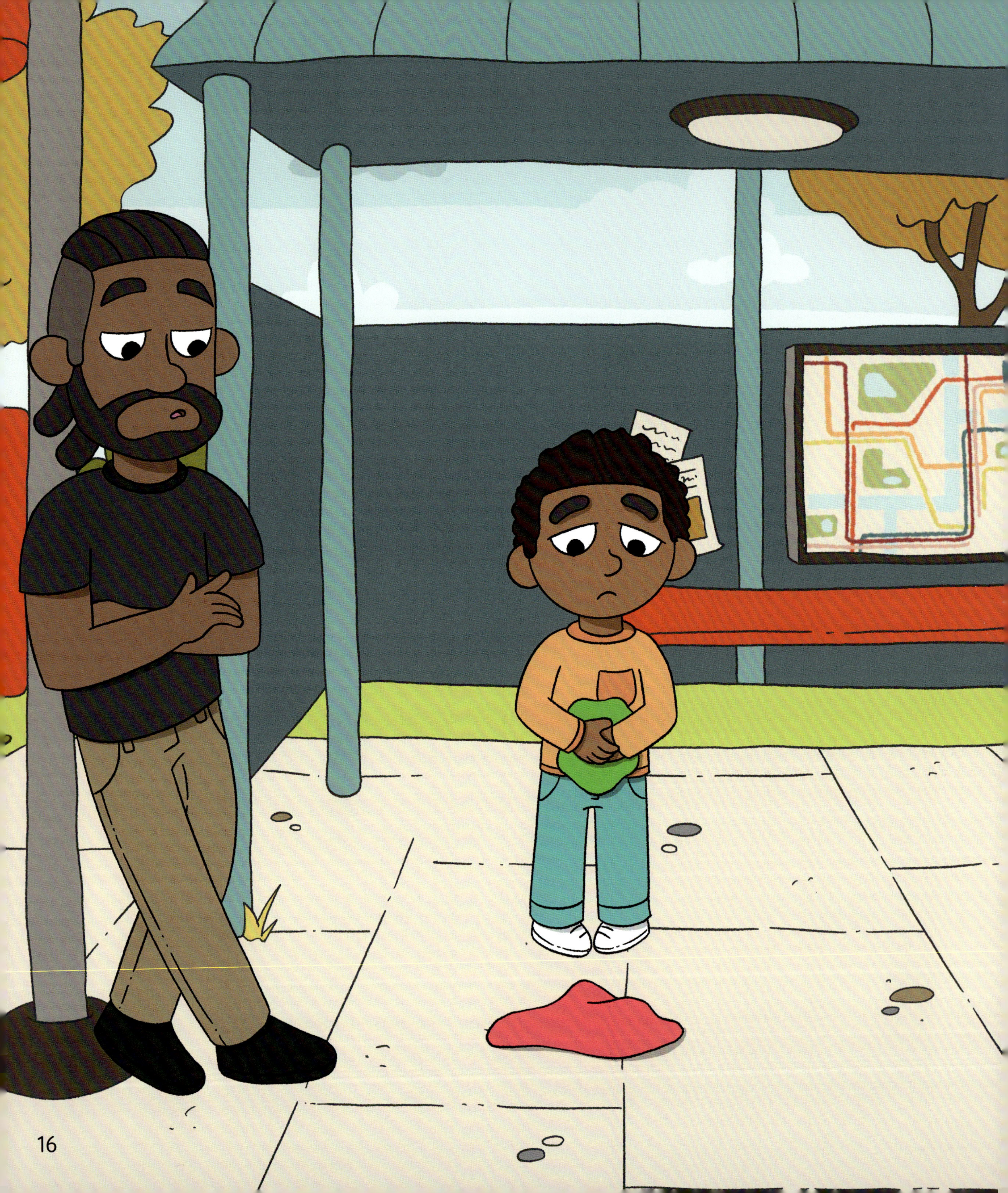

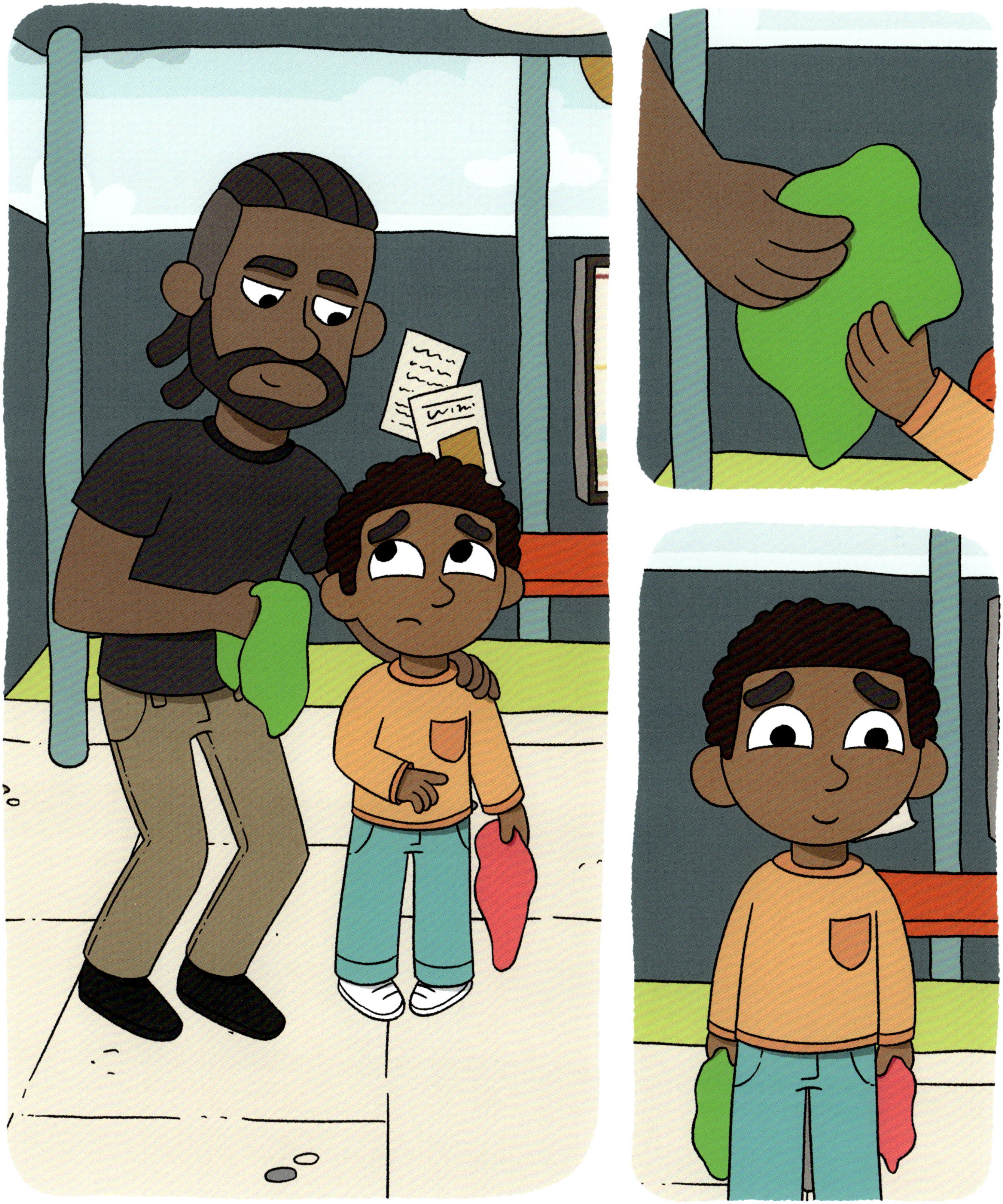

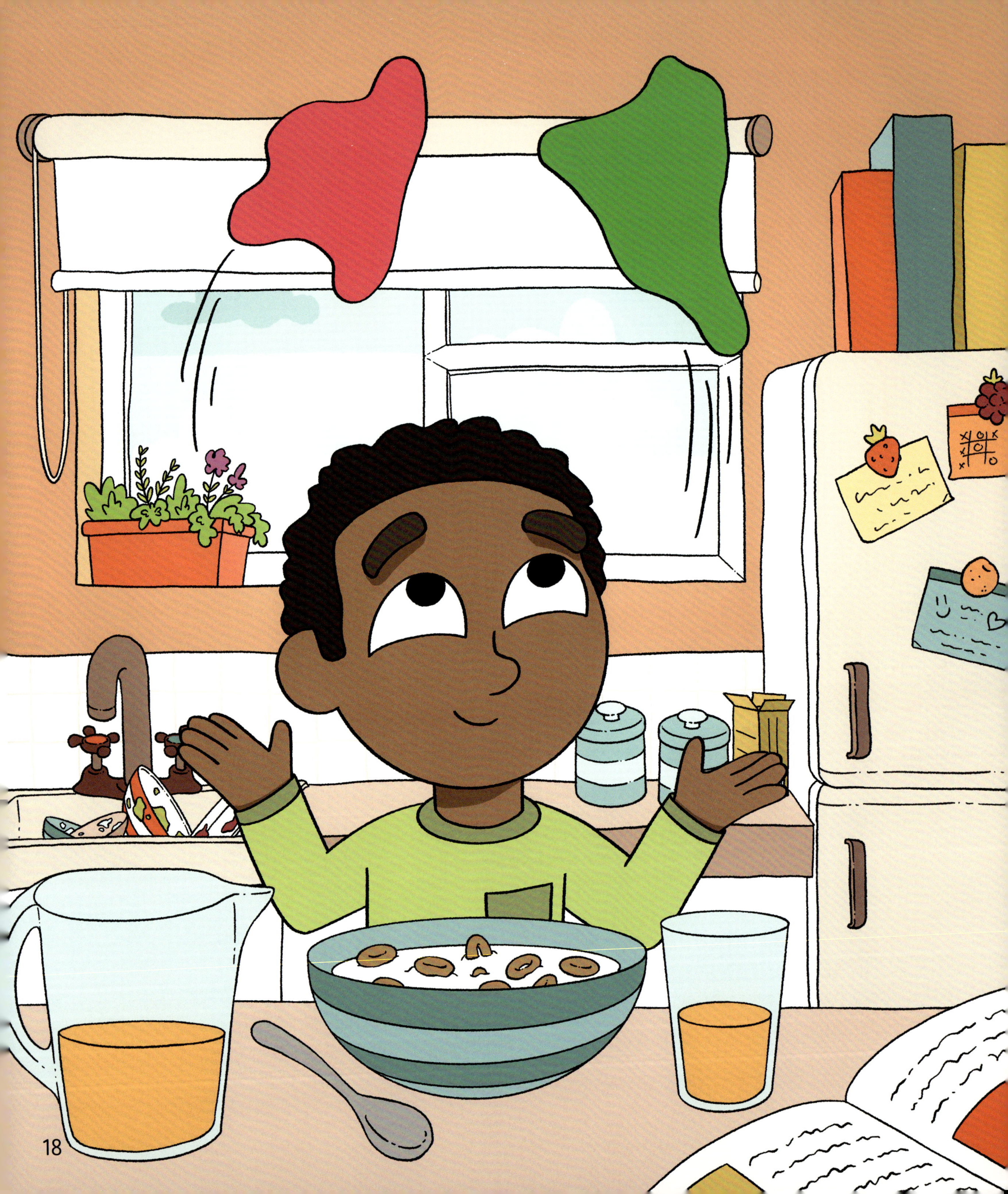

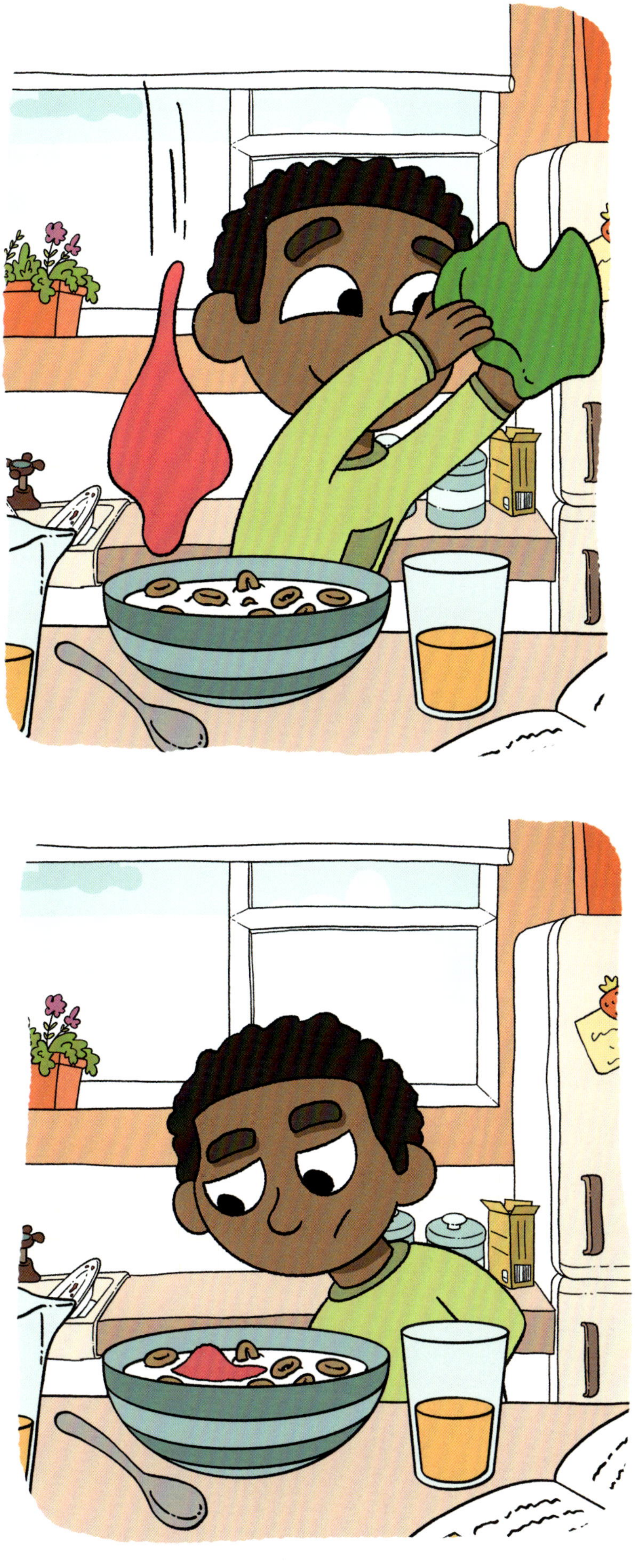

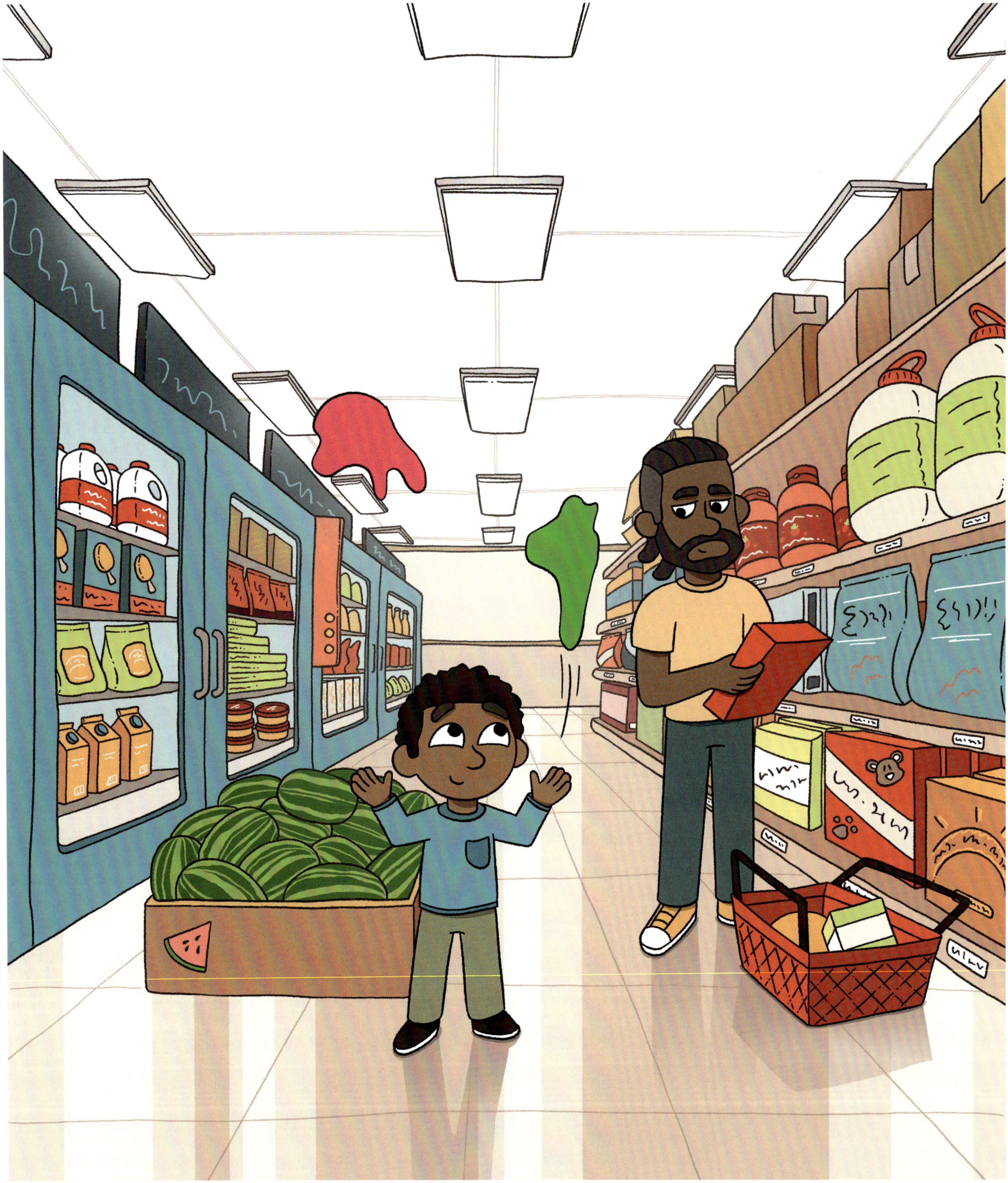

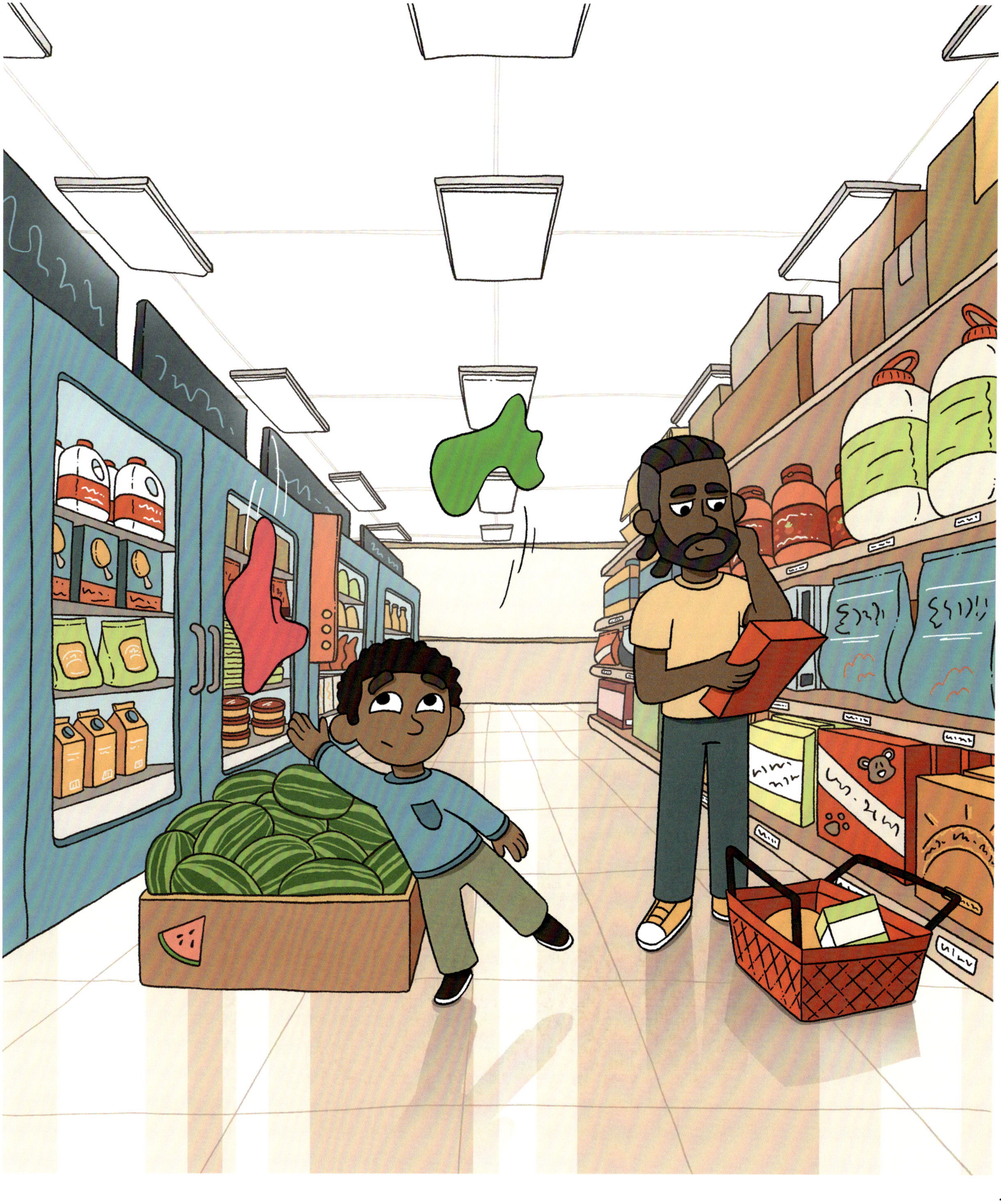

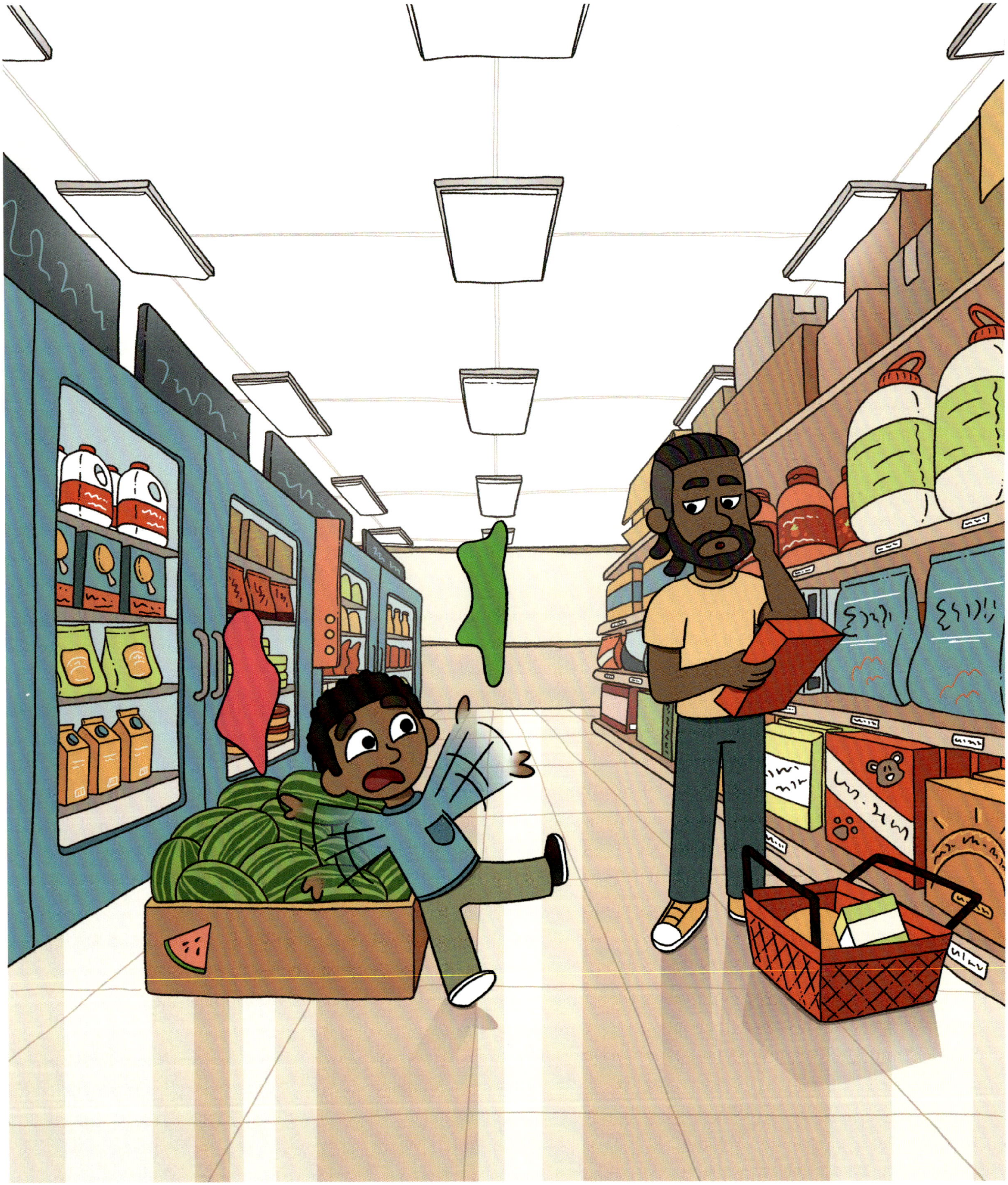

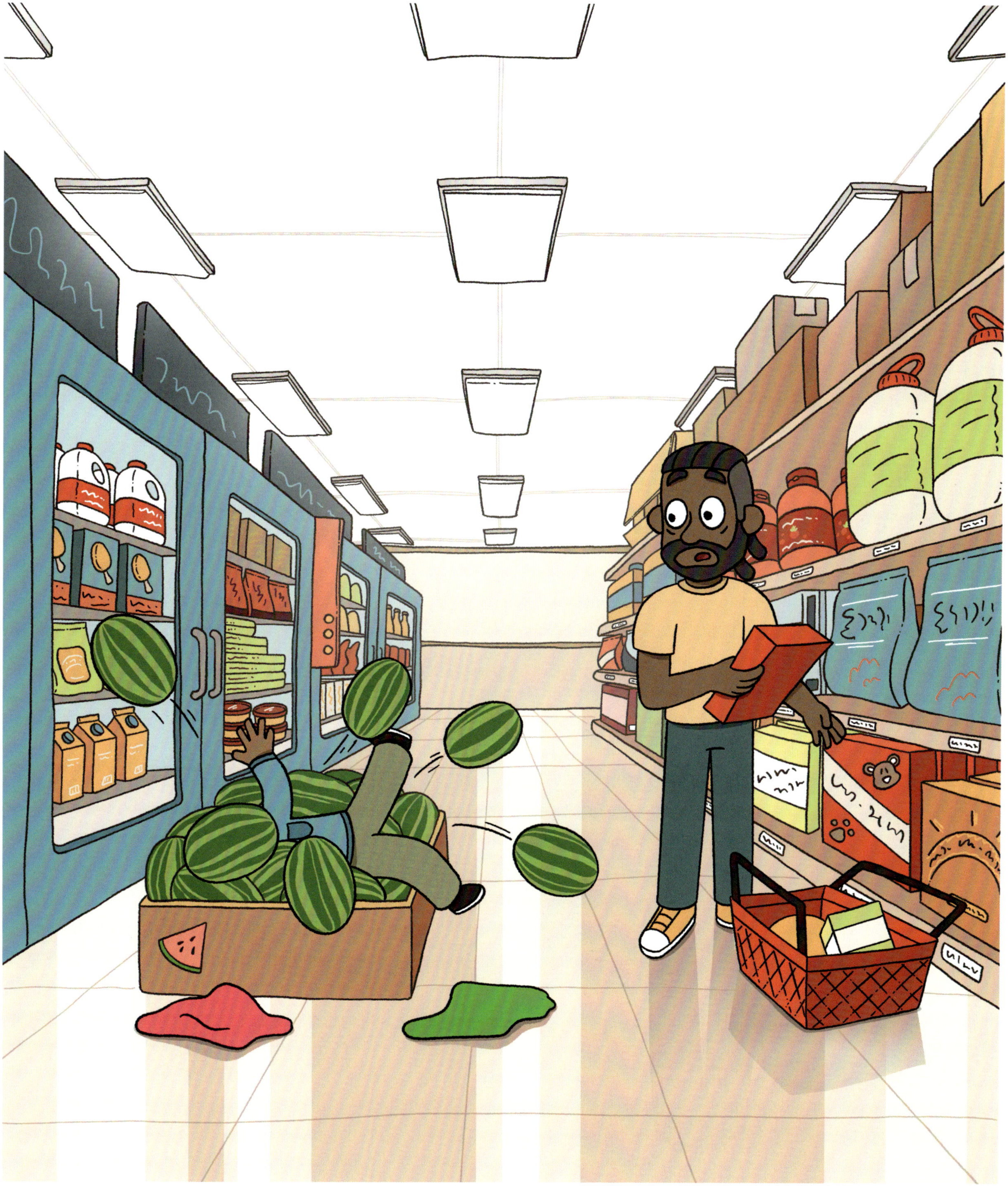

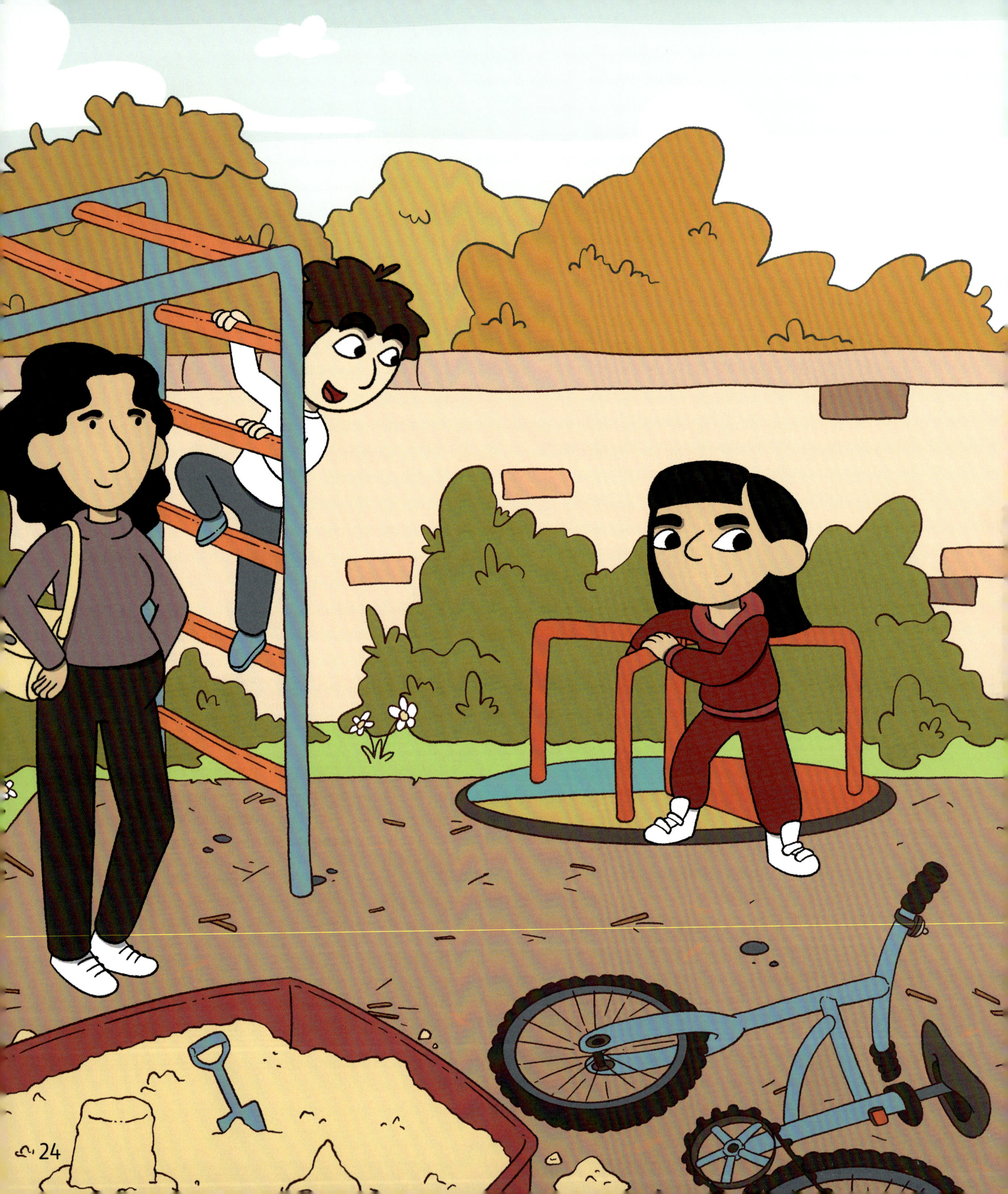

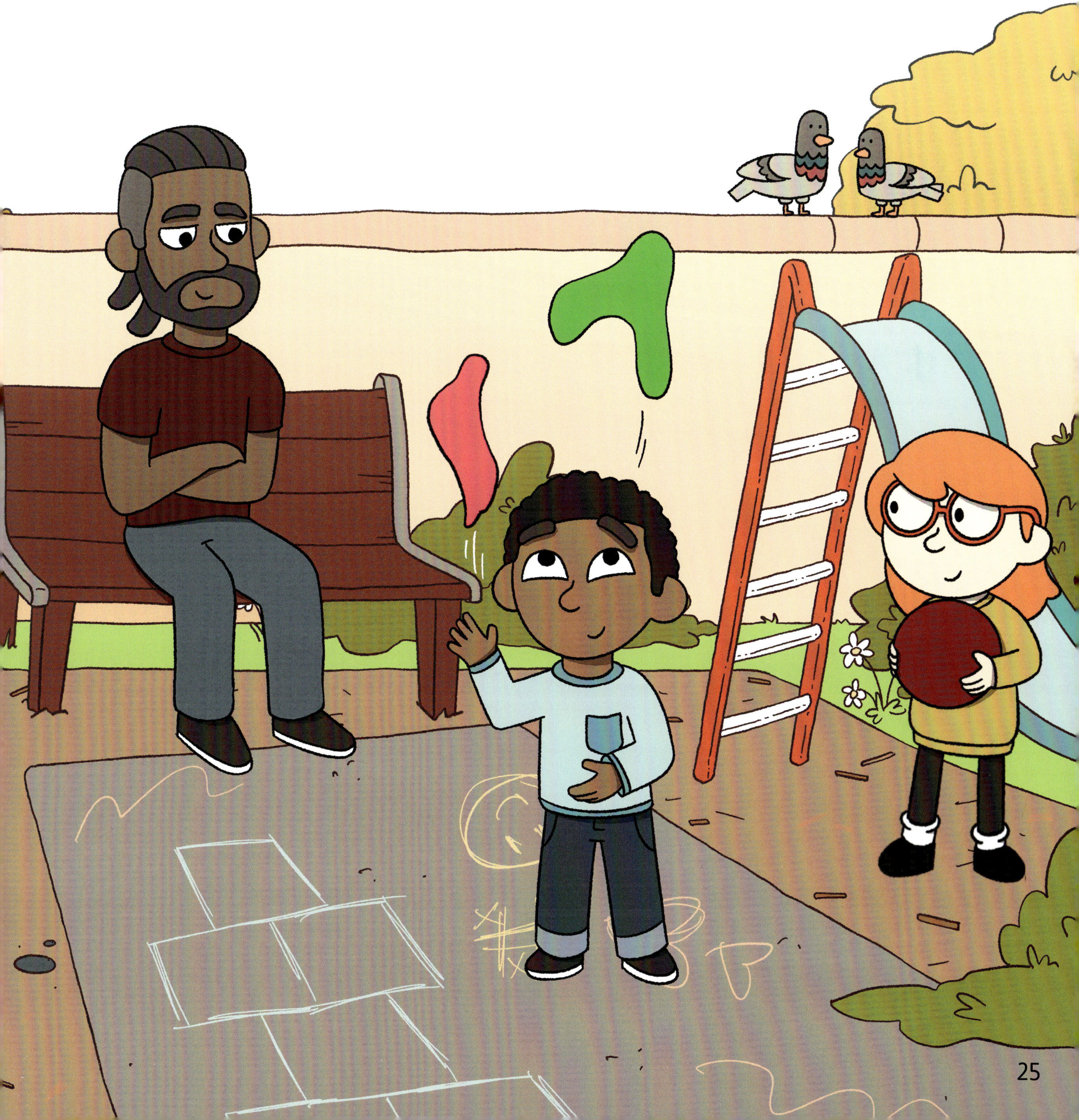

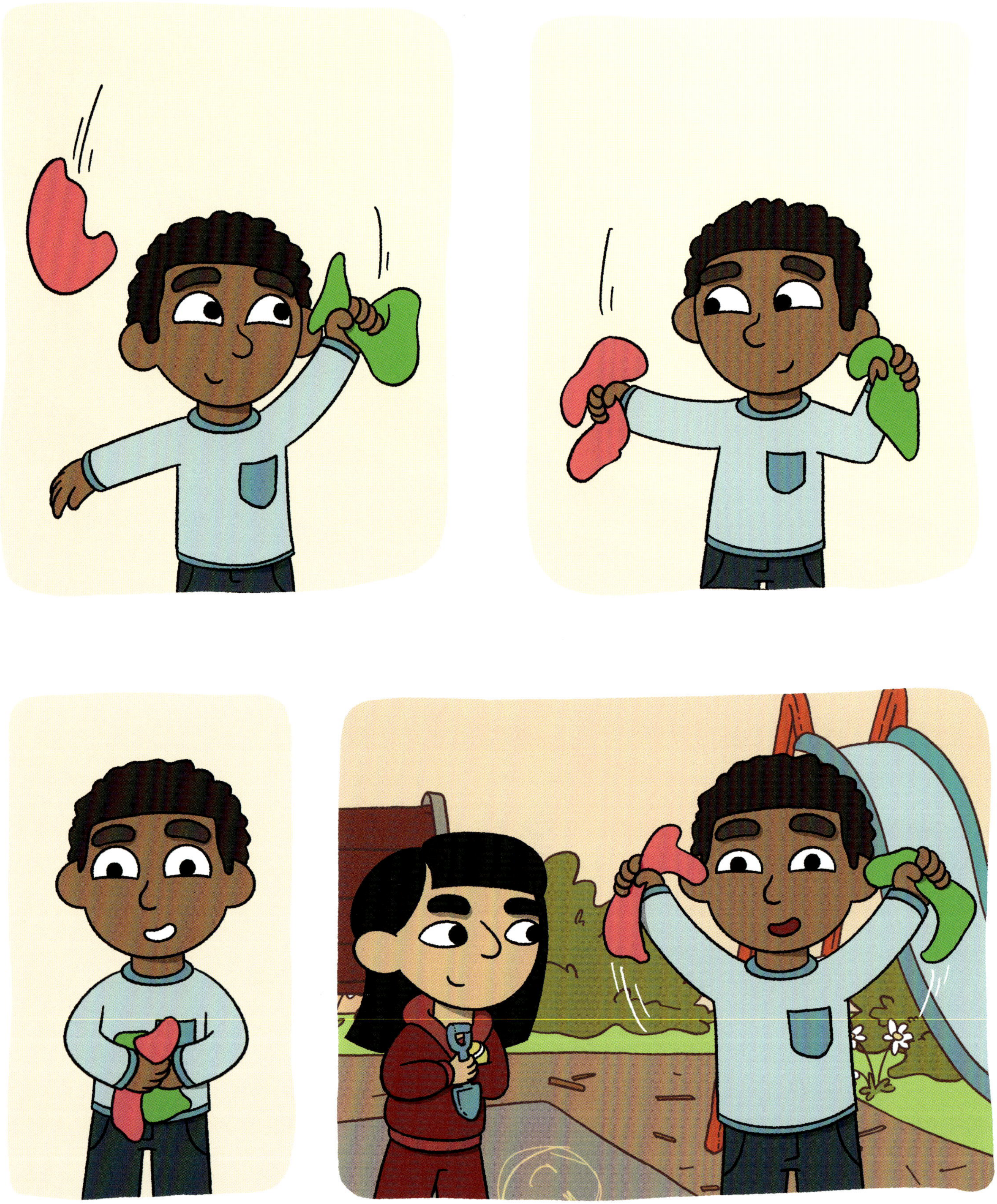

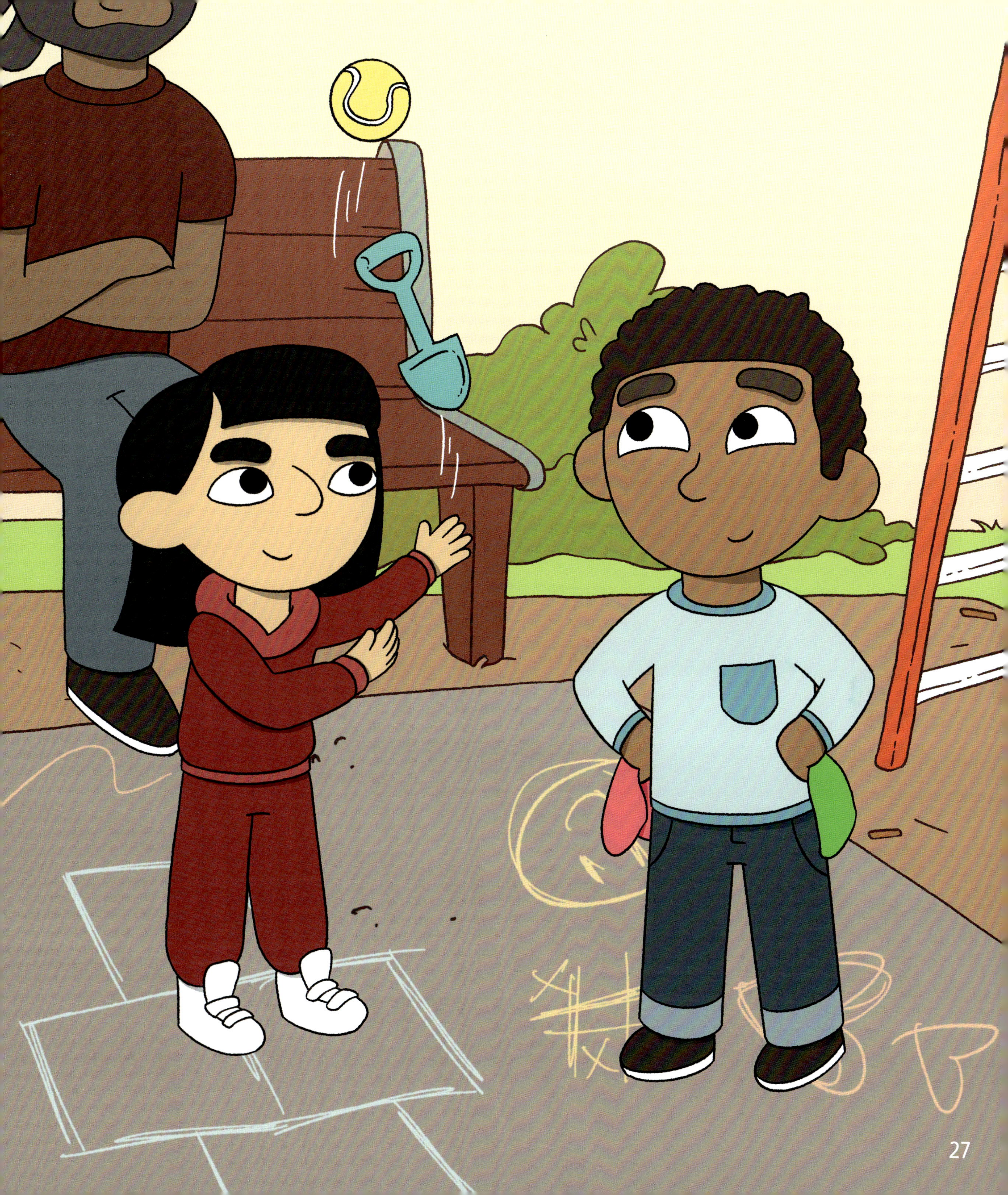

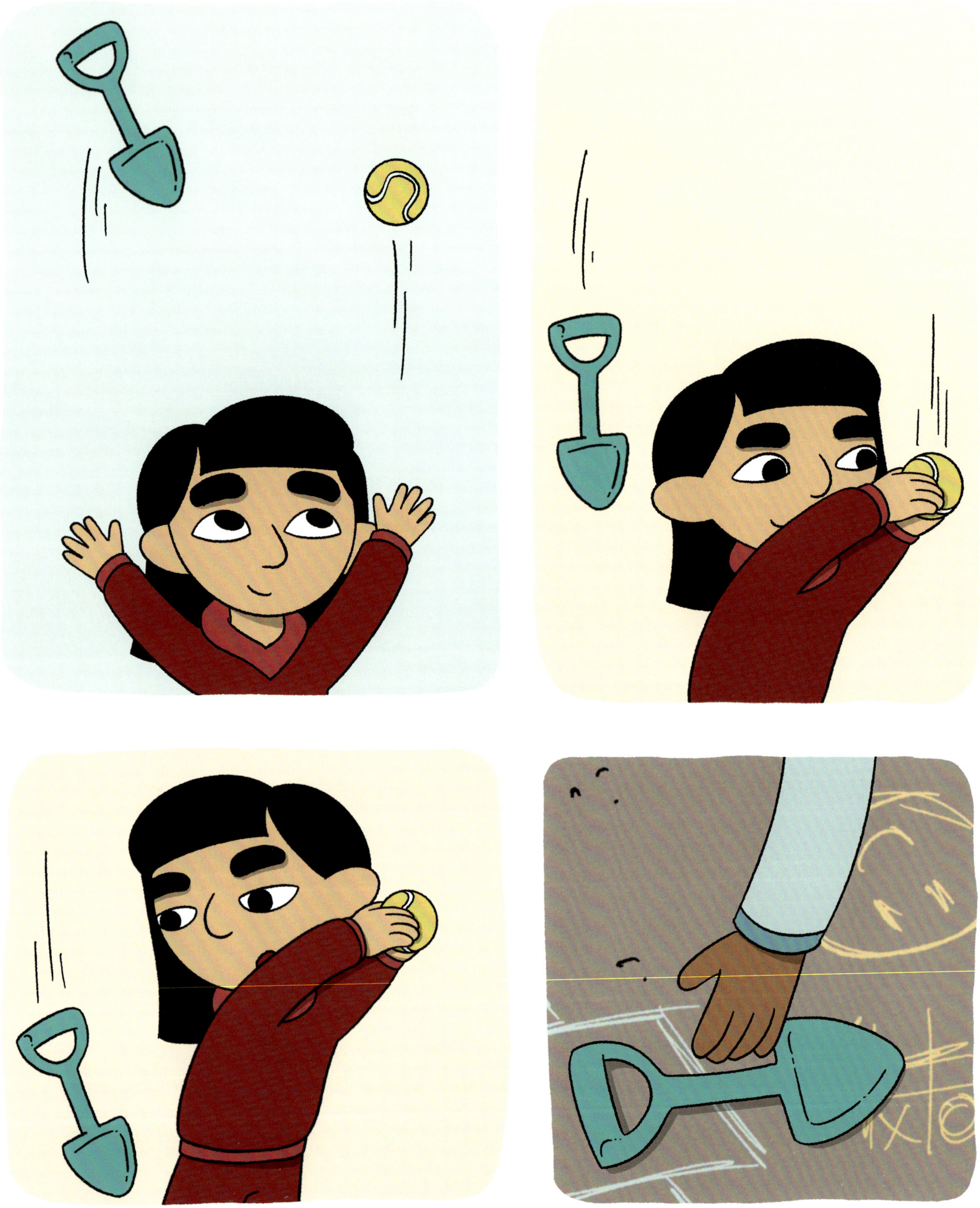

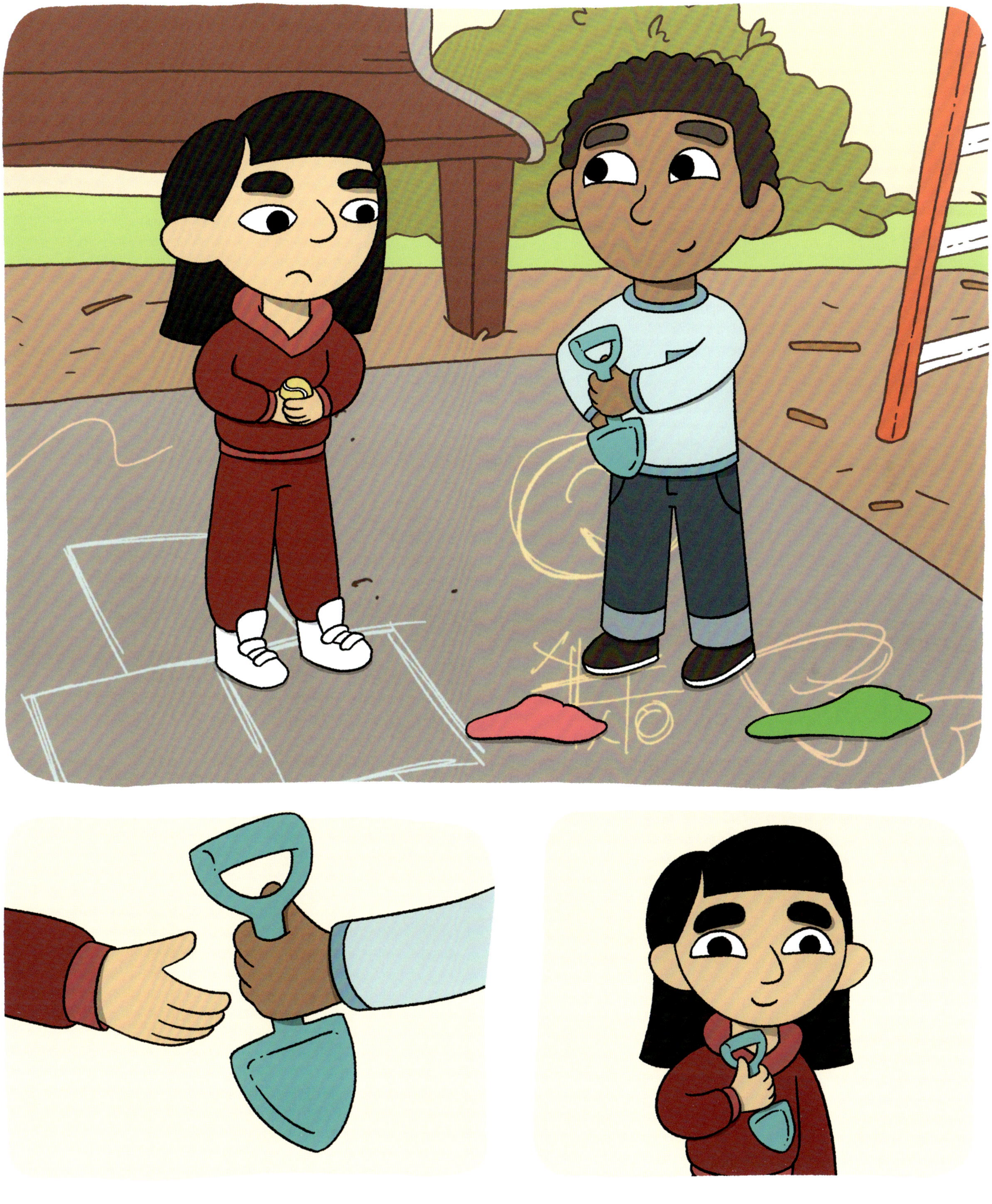

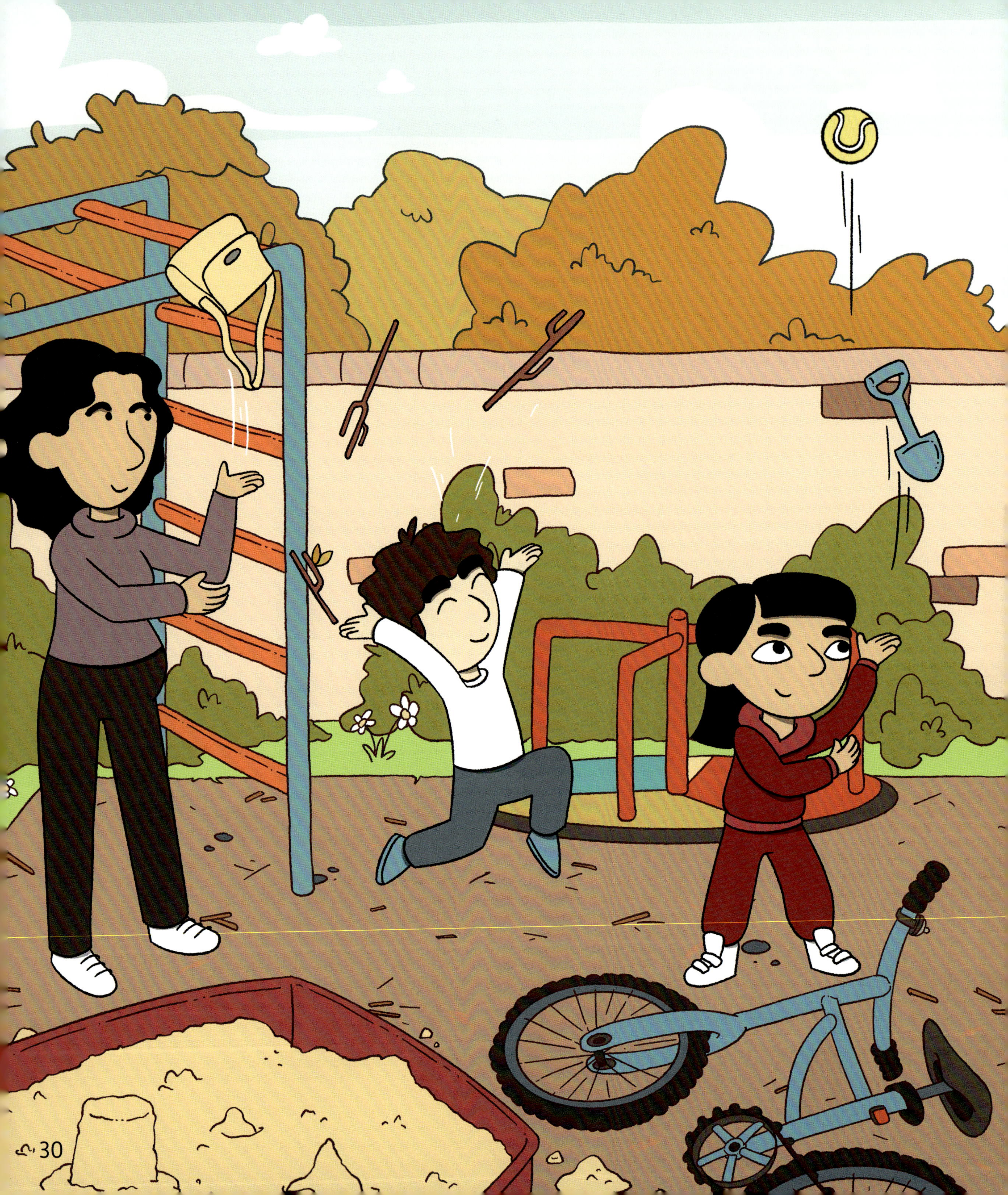

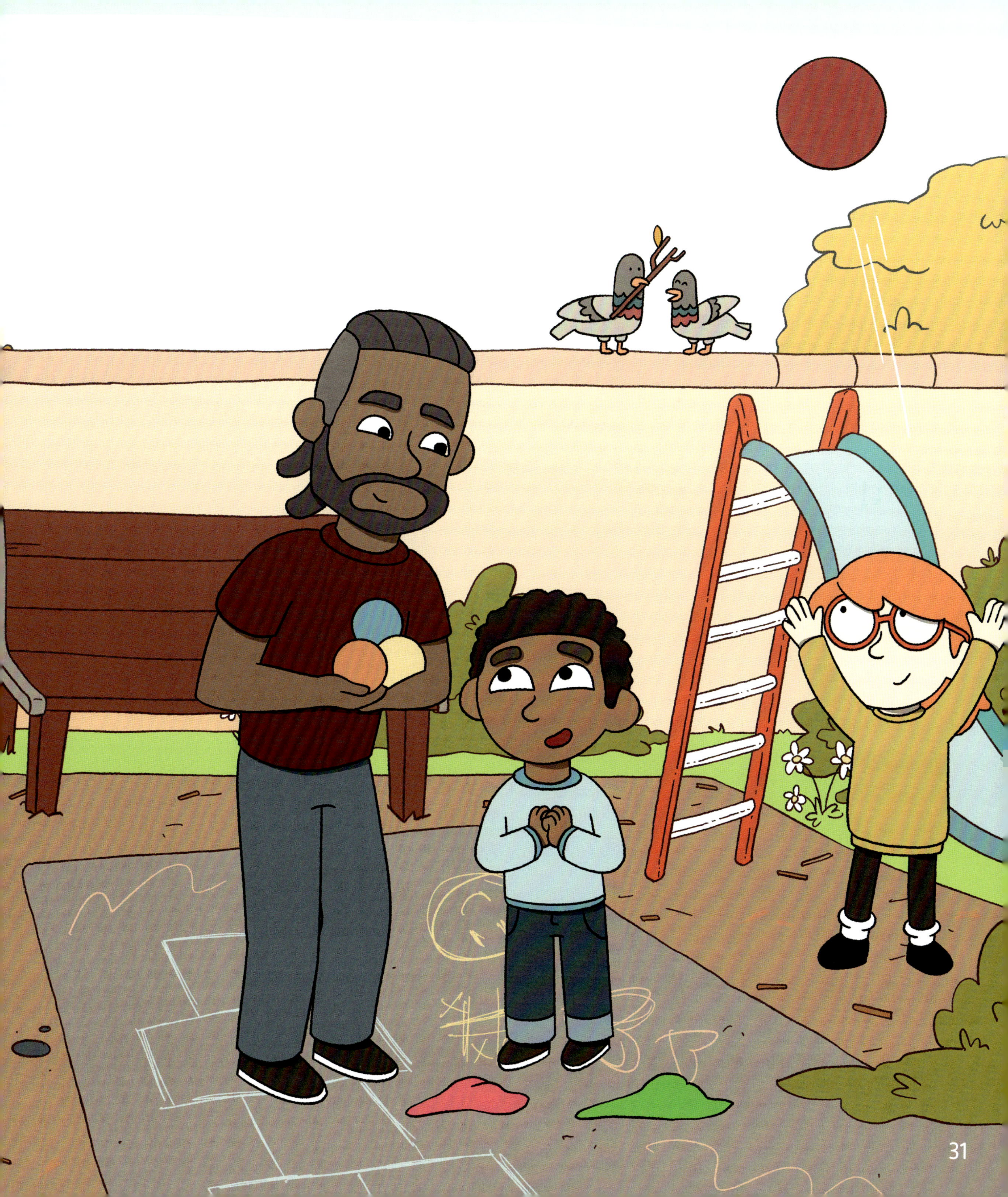

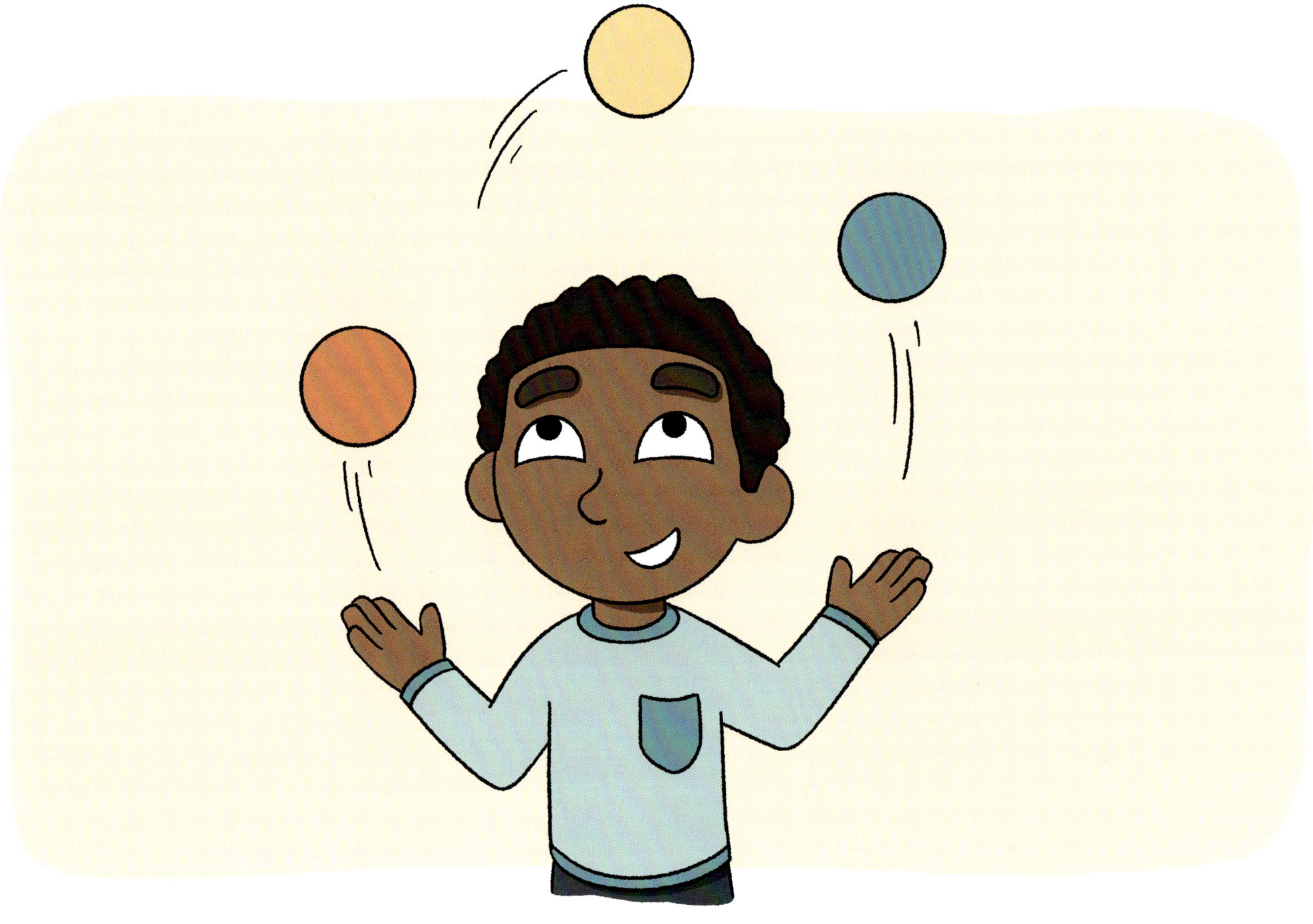